AF300230

# LA THEORIE

## DES

## JEUX DE HASARD,

### OU

## ANALYSE

*Du Krabs, du Paſſe - dix, de la Roulette, du Trente & Quarante, du Pharaon, du Biribi & du Lotto.*

### PAR P. N. HUYN.

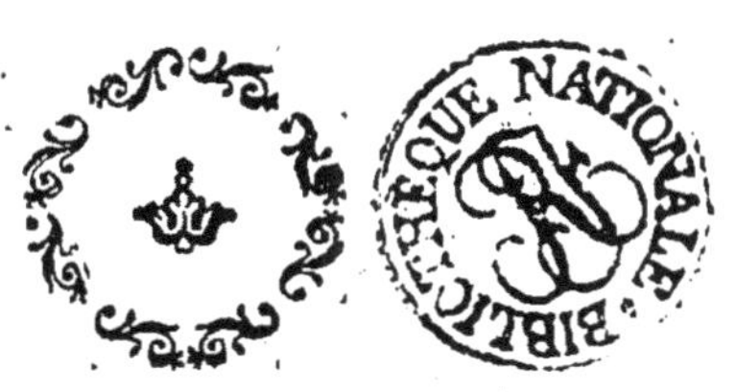



M. DCC. LXXXVIII.

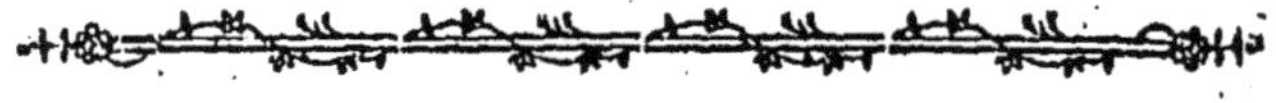

# THEORIE

## D'ES JEUX DE HASARD.

Il y a trois especes de jeux : les jeux d'adreffe, les jeux de commerce & ceux de hafard. ( * ) Les premiers ne peuvent être d'un goût général, parce qu'il faut, pour y réuffir , des difpofitions phyfiques que la nature n'a pas accordées à tout le monde.

Les législateurs qui ont profcrit les jeux de hafard n'ont point atteint le but qu'ils s'étoient propofé. En effet les maux qu'ils ont voulu prévenir réfultent auffi fouvent des jeux d'adreffe & de commerce, particulierement dans les endroits où beaucoup d'étrangers fe raffemblent. Le jeu y eft néceffaire pour occuper leur défœuvrement, & des parties publiques foumifes à l'œil vigilant de la police , y entraînent moins d'inconvéniens que celles où ils fe trouveroient à la merci des Grecs qui fe portent en affluence dans ces

---

( * ) Quelquefois d'un jeu d'adreffe , l'ignorance des deux joueurs en fait un jeu de hafard ; & quelquefois auffi , d'un jeu de hafard, la fubtilité d'un des joueurs en fait un jeu d'adreffe.

A 2

rendez - vous , avec l'intention de faire des dupes.

Les jeux ont été inventés pour fervir d'amufement & de délaffement. Il n'eft aucun plaifir qui n'occafionne quelque dépenfe. Confidérés fous ce point de vue, les jeux de hafard, fi l'on en ufoit avec modération, deviendroient les plaifirs les moins coûteux. Je dis plus: il n'y a point de frais à payer aux jeux de hafard ; dans les jeux de commerce & d'adreffe, c'eft une charge qui pefe fur les joueurs. Aux premiers le ponte connoît fon défavantage qui eft le même pour l'homme d'efprit, que pour l'imbécille. Celui-ci, aux jeux de commerce, eft toujours la dupe de fon adverfaire, ainfi que l'honnête homme l'eft de celui qui a de l'aftuce ; il eft rare que dans les jeux d'adreffe ou de commerce deux joueurs foient de force égale, & le moindre dégré d'infériorité donne, à la longue, un défavantage inappréciable au plus foible.

Il exifte plufieurs écrits contre les jeux de hafard ; mais la plupart ne font que des déclamations outrées , peu propres à perfuader & à inftruire ceux qui s'y livrent par une cupidité mal entendue : malgré la lecture des malheurs

occafionnés par la paffion effrénée du jeu (*), il
eft peu de commençans à qui l'amour-propre ne
faffe croire qu'ils feront plus fages, plus heureux
ou plus adroits que ceux qui les ont précédés
dans cette carriére. Il faut leur prouver par des
démonftrations qu'il eft non feulement impoffible
de gagner à des jeux inégaux, mais qu'au contraire il faut y perdre.

J'établis dans cet ouvrage la Théorie des
jeux qui font les plus fuivis, & j'y démontre les
défavantages que chacun d'eux a pour les pontes.
Ils en tireront cette conféquence qu'on ne doit
jouer que pour s'amufer, & qu'en ce genre toute
fpéculation intéreffée eft fauffe.

( * ) La paffion du jeu eft une des plus funeftes dont on
puiffe être poffédé. L'homme eft fi violemment agité par le
jeu, qu'il ne peut plus fupporter aucune autre occupation.
Après avoir perdu fa fortune, il eft condamné à s'ennuyer
le refte de fa vie.

# REFLEXIONS

*Sur ce que l'on nomme bonheur au jeu.*

La fuppofition du *bonheur* de tel où tel joueur eft une abfurdité. Parce qu'il aura longtems ou fouvent tenté la fortune avec fuccès, on ne doit point en conclure qu'il réuffira toujours. On peut dire qu'il a été heureux, mais non pas qu'il l'eft. Son prétendu bonheur peut l'abandonner dans l'inftant même.

La chance n'a pu être la même pour tous les individus. Elle aura varié dans fes diftributions de même qu'on le remarque dans les effets que le hafard produit au jeu. Voici comment je conçois la chofe: Suppofez une galerie nombreufe; en la divifant par claffes, il arrivera qu'un joueur aura gagné beaucoup tandis que deux autres n'auront gagné que moitié moins chacun que le premier ; quatre autres que moitié moins chacun que les deux de la feconde claffe, & ainfi de fuite, en rétrogradant & finiffant par celle des malheureux. De forte que le très heureux & le très malheureux font deux extrêmes & que le plus grand nombre fera de ceux dont le gain & la perte fe feront balancés.

Cette égalité de compenſation des perdans aux gagnans ne s'entend que d'un jeu où il n'y auroit point de défavantages à ſupporter ; s'il y en a, la ſomme des perdans doit être plus forte que celle des gagnans ; puiſque pour conſtituer l'avantage d'un banquier (*), il faut ôter au gain & ajouter à la perte, dans une proportion relative à la force de cet avantage, à la rapidité & à la durée de la circulation ; en ſorte qu'à force de retrancher ſur les gains & d'ajouter aux pertes, le réſultat final fera qu'il ne ſe trouvera plus que des perdans.

---

(*) De même qu'il n'y a aucun genre d'amuſement qu'il ne faille payer, il eſt juſte que celui qui tient une banque publique, ait un petit avantage, puiſqu'il ſe charge de tous les frais du jeu. Si on trouve qu'il gagne quelquefois trop, c'eſt de la faute des joueurs eux-mêmes qui, au lieu de jouer peu par amuſement, jouent gros par avarice.

## LE KRABS.

*Jeu anglois: Se joue avec deux dés, qui produifent les trente-fix variations fuivantes.*

| | | | | |
|---|---|---|---|---|
| 1 maniere de faire deux . 1. 1. | | 5 man. de faire huit. . . 2. 6. | |
| | | | 6. 2. |
| 2 man. de faire trois . . . 1. 2. | | | 3. 5. |
| | 2. 1. | | 5. 3. |
| | | | 4. 4. |
| 3 man. de faire quatre . . 1. 3. | | | |
| | 3. 1. | 4 man. de faire neuf . . . 3. 6. | |
| | 2. 2. | | 6. 3. |
| | | | 4. 5. |
| 4 man. de faire cinq . . 1. 4. | | | 5. 4. |
| | 4. 1. | | |
| | 2. 3. | 3 man. de faire dix. . . 4. 6. | |
| | 3. 2. | | 6. 4. |
| | | | 5. 5. |
| 5 man. de faire fix . . . 1. 5. | | | |
| | 5. 1. | 2 man. de faire onze . . 5. 6. | |
| | 2. 4. | | 6. 5. |
| | 4. 2. | | |
| | 3. 3. | 1 man. de faire douze . 6. 6. | |
| | | | |
| 6 man. de faire fept . . . 1. 6. | | | |
| | 6. 1. | | |
| | 2. 5. | | |
| | 5. 2. | | |
| | 3. 4. | | |
| | 4. 3. | | |

Celui qui tient le cornet annonce le point fur lequel il veut faire rouler le jeu: cela s'appelle donner la chance. On ne donne que depuis cinq jufqu'à neuf. (*)

_______________

(*) Il n'eft pas d'ufage de donner 4 ou 10 à la main, parce que perfonne ne couvriroit la mife, vu que le joueur auroit un avantage de 36 fols par louis.

Si du premier jet, le joueur amene le point qu'il a nommé, il gagne, & comme il faut également qu'il puiffe perdre, il y a des Krabs qui tiennent lieu de l'autre chance qui n'eft pas encore connue. (*) Si l'une des deux chances arrive, le jeu finit du premier coup; finon, tel dé que le hafard produife, devient le point correfpondant de celui que le joueur a donné ; alors le jeu tourne en ce que le point qui étoit pour lui lors du premier jet, devient celui de fon adverfaire.

Le fond du jeu n'eft point égal, ainfi que la plupart de ceux qui le jouent fe l'imaginent. Celui qui tient le cornet a toujours du défavantage.

A cinq & à neuf à la main, la proportion exacte eft de 1396 pour & de 1439 contre. Il en réfulte qu'à enjeux égaux le défavantage eft de 7 f. 3 d. $\frac{23}{63}$ par louis.

A fix & à huit à la main, la proportion eft de 6961 pour & de 7295 contre ; le défavantage eft de 11 f. 2 d. $\frac{24}{99}$ par louis.

---

(*) Les Krabs n'ont lieu que pour le premier jet & font comme il fuit : les chances de 5 & 9 à la main ont contr'elles 2, 3, 11 & 12 ; celles de 6 ou 8 à la main ont contr'elles 2, 3 & 11 & pour elles 12 ; celle de 7 à la main a contr'elle 2, 3 & 12 & pour elle 11.

A fept à la main la proportion eft de 244 pcur & de 251 contre; le défavantage eft de 6 fols 9 d. $\frac{5}{11}$ par louis.

En fuppofant un joueur qui donneroit toujours à la main, la chance que le hafard produiroit, fon défavantage, d'après les proportions ci-deffus, feroit de 8 f. 9 d. $\frac{33055}{45736}$ par louis.

*Les paris de proportion fe font comme il fuit:*

| Lorfque la chance | on parie | | Lorfque la chance | on parie |
|---|---|---|---|---|
| eft 4 à 5 | 3 contre 4 | | eft 7 à 8 | 6 contre 5 |
| 4 à 6 | 3 . . 5 | | 7 à 9 | 3 . . 2 |
| 4 à 7 | 1 . . 2 | | 8 à 5 | 5 . . 4 |
| 4 à 8 | 3 . . 5 | | 8 à 6 | égal. |
| 4 à 9 | 3 . . 4 | | 8 à 7 | 5 contre 6 |
| 5 à 6 | 4 . . 5 | | 8 à 9 | 5 . . 4 |
| 5 à 7 | 2 . . 3 | | 9 à 5 | égal. |
| 5 à 8 | 4 . . 5 | | 9 à 6 | 4 contre 5 |
| 5 à 9 | égal. | | 9 à 7 | 2 . . 3 |
| 6 à 5 | 5 contre 4 | | 9 à 8 | 4 . . 5 |
| 6 à 7 | 5 . . 6 | | 10 à 5 | 3 . . 4 |
| 6 à 8 | égal. | | 10 à 6 | 3 . . 5 |
| 6 à 9 | 5 contre 4 | | 10 à 7 | 1 . . 2 |
| 7 à 5 | 3 . . 2 | | 10 à 8 | 3 . . 5 |
| 7 à 6 | 6 . . 5 | | 10 à 9 | 3 . . 4 |

Il fe fait auffi nombre de paris, tels que l'arrivée d'un dé de préférence à un autre comme quatre avant dix, cinq avant neuf, huit avant fix. Ils font égaux, en ce que l'un peut fe produire d'autant de manieres que l'autre.

On peut parier pour deux points réunis contre un feul, lorfqu'il peut fe produire d'autant de manieres que les deux autres enfemble, tels que quatre & dix avant fept.

On parie auffi cinq avant huit, cinq avant fix,
neuf avant fix, neuf avant huit; mais comme huit
& fix ont pour fe produire une maniere de plus
que neuf & cinq, lorfque les premiers fe font par
un doublet le coup eft nul. De même lorfqu'on
parie 7 avant 6, & 7 avant 8, fi le point de 7 fe
fait par fix & as, & fix & huit par le doublet,
les coups font nuls.

On fait quelquefois des paris fur la maniere
dont un point fera produit par exemple; fi le
point doit être huit, l'un des joueurs peut parier
pour 6 & 2, & l'autre pour 5 & 3; mais on ne
pourroit point mettre en oppofition l'une de
ces deux manieres avec 4 & 4, parceque celle-
ci eft fimple, & que les deux autres font doubles.

A cinq ou neuf à la main il y a huit contre
un à parier qu'on ne *niquera* pas. (*)

A fix ou huit à la main il y a 5 contre 1.

A fept à la main il y a 7 contre 2.

On pourroit parier 1 contre 2 qu'en don-
nant fept à la main ce fera fini du premier
coup, & 2 contre 1 que fi c'eft fini du premier
coup, ce fera en faveur de celui qui tient pour.

_______________

(*) On appelle *niquer* lorfque le joueur gagne du premier
jet en amenant le point qu'il a nommé.

Il eſt généralement reçu que tout argent perdu injuſtement eſt dans le cas d'être réclamé,
même longtems après ; ainſi les paris qui n'auroient point été tenus dans les proportions dé-
taillées ci-devant ſoit pour ou contre ſont injuſtes
& leurs effets nuls.

Il faut beaucoup d'attention, tant pour faire
ſon jeu que pour éviter de faire faute, (*) parce
que cela emporte la perte du coup. J'en ai vu
juger pluſieurs, les uns avec trop de rigueur &
d'autres très injuſtement. On ne doit tenir pour
faute que ce qui pourroit donner lieu à une ſur-
priſe, & même l'équité ſembleroit exiger qu'on
uſât d'indulgence envers celui qui tient le cornet à r aiſon du déſavantage qu'il a à parier
pour, (**) & qui eſt encore augmenté par les
frais de paſſe qui ſont à ſa charge.

(*) Il ſeroit à ſouhaiter que la régle fût de jetter les dés
franchement, c'eſt à dire tout d'un tems & qu'ils roulaſſent ſur
la table ; pour lors, il n'y auroit jamais de faute. Autrefois
les paris ſuivoient le ſort du jeu ; cela ayant paru trop injuſte,
on eſt convenu que les fautes ſeroient perſonnelles. Peut-être
a-t-on craint qu'un joueur de mauvaiſe foi ne le fît exprès pour,
en perdant d'un coté, faire gagner des paris oppoſés dans leſ-
quels il ſeroit intéreſſé. Malgré cette réforme, il reſte encore
un objet de ſpéculation en ce genre, en rendant nul un pari
déſavantageux ; c'eſt pourquoi il ſeroit prudent de ne jouer ſé-
parément à fond de jeu qu'à proportion de ce que le joüeur y a
lui même.

(**) Il y a environ ſept & demi contre un à parier qu'on

Je ne connois que trois circonftances où le coup doive être tenu pour faute.

C'eft lorfqu'au lieu de lancer les dés franchement on les pofe couverts par le cornet, & qu'on le fouleve de côté ou d'autre. Il fembleroit que pour que ce fût une faute il faudroit que les dés euffent pu être vus; mais comme on ne peut juger de la hauteur dans la viteffe du mouvement ni déterminer l'élévation fuffifante pour cela, & enfin qu'il n'y a ordinairement qu'une partie de la galerie qui foit à même d'en avoir vu l'éffet, la fûreté générale exige qu'il n'y ait point d'exception. Cette circonftance eft faute, parce qu'il peut en réfulter la tromperie fuivante. Ayant vu les dés le joueur de mauvaife foi les laifferoit ou les retourneroit s'ils étoient contraires foit à lui-même ou à fes affociés, par lefquels il pourroit être prévenu par un fignal. Ne vit-on que les faces de côté, il fuffit d'être un peu calculateur pour fentir qu'on peut déterminer, à quelques chances près, le point qui peut être en haut.

Ramaffer un dé qui eft déjà forti du cornet,

---

ne paffera pas trois fois de fuite, tandis qu'à tout autre jeu dont les coups font égaux, il n'y a que fept contre un.

pour le rejetter de nouveau, eſt faute ; parcequ'on peut ſuppoſer que le joueur ne fait cela qu'à cauſe qu'il lui eſt contraire.

Lancer le ſecond dé contre le premier de façon qu'ils ſe mêlent (*) eſt faute par la même raiſon que je viens de dire.

Le marqueur peut empêcher qu'on ne faſſe faute, ſans que perſonne puiſſe le trouver mauvais, ſoit en inſtruiſant ou en prévenant le joueur, ſurtout lorſque celui-ci ſe met en devoir de ramaſſer le premier dé qui peut être remis en place, à moins qu'il ne ſoit déjà rentré dans le cornet : pour lors la faute exiſte.

Il eſt du devoir du marqueur d'annoncer la faute & de déclarer le coup nul ou perdu afin de garantir les joueurs peu inſtruits de toute ſupercherie.

Les fautes doivent être punies ſur le champ. Si on en a paſſé une & qu'on ait rejoué après, on ne peut plus y revenir, de même qu'au trictrac une école ne peut plus ſe reprendre après coup.

Dans le cas où ſle marqueur comprenant mal l'intention ou l'ordre du joueur, annonceroit une autre chance, c'eſt à celui-ci à le reprendre

---

(*) Le dé retourné ou trop ſenſiblement pouſſé hors de ſa place par le ſecond dé, eſt réputé mêlé.

avant que de tirer le fecond point du jeu, fans quoi l'annonce du marqueur prévaudroit ; la raifon en eft que l'erreur peut également être favorable comme contraire au joueur, & qu'on pourroit le foupçonner de faire naître une équivoque à deffein!, afin d'adopter enfuite le point qui lui conviendroit le mieux.

Le jeu ayant d'abord été bien marqué, fi le marqueur fe trompoit dans la continuation l'erreur peut & doit être rétablie.

On ne peut changer de dés pendant la durée d'un coup ; de forte que, fi après avoir nommé la chance on prenoit d'autres dés, il faudroit la nommer de nouveau. Le feul cas d'exception eft, fi un dé venoit à fe caffer par la violence du jet ; rien ne pourroit empêcher qu'on en fubftituât d'autres.

Si, au milieu d'un coup, on s'appercevoit qu'un dé fût faux ou affez mal fait pour ne pouvoir continuer avec, le jeu feroit nul ; parce que fi le dé n'étoit pas bon pour continuer, de même il ne pouvoit être bon pour commencer.

Il n'y a que le joueur & ceux qui font contre dans le fond de fon jeu, qui puiffent valablement barrer le coup; parce que le jeu étant cenſé leur appartenir, il n'y a qu'eux qui puiſſent en diſpoſer. Le jet eſt nul pour tout le monde, à moins que les parieurs ne ſoient d'accord de le tenir pour bon; de même que par convention réciproque ils peuvent barrer pour eux.

La miſe en jeu du joueur doit être couverte la premiere. (*)

C'eſt ici le cas de rapporter quelques anecdotes qui ſerviront à faire ſentir la différence que l'on doit faire des événemens qui arrivent.

Le marqueur ayant laiſſé dans la table la boëte aux dés, un de ceux du joueur tomba

---

(*) Si faute d'attention le joueur jouoit avant que ſon jeu fût fait, il en réſulteroit l'embarras que voici. Tant que ſon jeu n'eſt pas fait, il ne peut pas jouer & quiconque ne joue pas ne peut pas tenir le cornet. Cependant d'autres peuvent avoir formé des parties ſéparées & ſi leur jeu devoit être nul cela feroit très fâcheux au moins pour l'un des deux parieurs. Cette ſituation peut donner lieu à des ſupercheries. Pour y obvier & remettre les choſes en regle, il me ſemble qu'on devroit tirer du jeu ſéparé qui feroit le plus fort, de quoi couvrir la miſe du joueur. Quand même la chance feroit à ſon défavantage, il devroit le ſouffrir; parce qu'il n'a pu jouer pour rien. Cela feroit égal à celui qui a tenu contre. Il n'y a que celui qui feroit pour qui pourroit y perdre; mais pourquoi ſon jeu ſe trouve-t-il en oppoſition avec le jeu principal?

deſſus;

deſſus ; on fit rejetter ce dé de nouveau, ſous le vain prétexte que cette boëte n'étoit pas du jeu. Cette déciſion étoit fauſſe parceque la boëte en queſtion devoit à juſte titre être conſidérée comme y appartenant, quoiqu'elle ne s'y fût trouvée qu'accidentellement cette fois-là. Je dis plus, je ſerois d'avis qu'elle y reſtât toujours afin que chacun vît qu'effectivement le marqueur change les dés lorſqu'on les lui demande, & que d'ailleurs tout ce qui ſert au jeu doit être ſoumis à la vue & à l'inſpection de tout le monde.

Deux joueurs parioient gros entr'eux; A *pour* & B *contre*. Un autre joueur C prit le cornet & ne propoſa qu'un foible jeu. Perſonne ne le couvrant, le jeu des deux autres étoit empêché; en ſorte que pour le faire aller, A prit le foible enjeu de C dans le ſien. Sur le jet des dés B barra le coup qu'il auroit perdu, tandis qu'enſuite il le gagna.

Ce ne fut qu'après la ſéance qu'on s'aviſa de conteſter. On prétendit que n'ayant pas couvert la miſe du joueur, B n'avoit pu barrer. Les perſonnes au jugement deſquelles on s'en rapporta déclarerent le *barre* nul & déciderent qu'il devoit rendre l'argent.                    B

Je trouve qu'on a mal jugé; parce qu'il falloit examiner qui donc avoit le droit de barrer; parce qu'enfin ce droit appartient à deux perfonnes ; favoir le Joueur & celui qui tient contre dans le fond du jeu. On ne peut pas dire que c'étoit à A parce qu'il eft contre la nature d'admettre qu'une même perfonne puiffe être pour & contre en même tems.

Si la mife de C eût été couverte & fait tas à part, A auroit pu dire qu'il avoit fait ce jeu par commiffion; mais il a levé & confondu l'enjeu de C avec le fien: donc on ne peut envifager fainement le jeu d'A que comme pris par C dans le fien & non pas celui-ci dans le jeu de l'autre; parce que C étant maître du jeu ne pouvoit être fubordonné à A. Ainfi par le fait B avoit le droit de barrer parce qu'il jouoit à fond de jeu contre C dont la mife étoit comprife dans le tas d'A.

Un joueur ayant lancé un dé feul, foit par gaillardife ou par précaution afin que le fecond ne vînt pas le heurter, le prit, le mit à la vue de tout le monde fur le chandelier & lança l'autre avec fécurité. On déclara le coup nul, par la raifon que fi le joueur eût laiffé le premier dé ( qui étoit à fon avantage ) fur la table, il auroit

pu faire faute. Cette décifion étoit injufte, parce qu'on pouvoit prévenir & empêcher d'ôter ce
dé de fa place ; que ce déplacement n'influoit
en rien fur le hafard & enfin que ne l'ayant pas
empêché c'étoit avouer tacitement que l'on y con-
fentoit. On pourroit fuppofer à celui qui fit cette
réclamation l'intention de laiffer perdre le joueur
& de l'empêcher de gagner. Au furplus il eft criant
de prétendre ajouter des défavantages de fantaifie
à ceux que celui qui tient pour, a par la confti-
tution du jeu.

Ce n'eft point ici comme dans les jeux d'a-
dreffe & de commerce où l'adreffe, l'intelligence &
l'attention comptent pour beaucoup. Les jeux
de pur hafard n'admettent de régles que celles
qui font fondées fur le bon fens, qui tendent à y
établir la fureté & l'égalité la plus poffible ; mais
là où il ne peut y avoir de tromperie il ne peut
y avoir de punition.

J'ai dit au commencement de ce chapitre que
celui qui tenoit pour, avoit toujours du défavantage : J'ai également obfervé qu'on ne tenoit point
4 ni 10 à la main, à caufe du grand avantage que
ces chances auroient pour le joueur ; cependant le
feul moyen d'égalifer ce jeu feroit de les admet-

tre en tirant les chances au hafard. Voici l'opé-
ration par laquelle je le prouve.

Dans trente jeux donnés par le hafard la probabilité eft qu'il y en aura

| | | |
|---|---|---|
| 3 de quatre à la main à 35 f. 2 d. $\frac{6}{7}$ par louis d'avant .. 105 f. 8 d. $\frac{4}{7}$ | | |
| 4 de cinq à la main à 7 f. 3 d. $\frac{23}{63}$ par louis de défavantage... | 29 f. 1 d. | $\frac{29}{63}$ |
| 5 de fix à la main à 11 f. 2 d. $\frac{94}{99}$ par louis de défavantage... | 56   2 | $\frac{74}{99}$ |
| 6 de fept à la main à 6 f. 9 d. $\frac{5}{11}$ par louis de défavantage... | 40   8 | $\frac{8}{11}$ |
| 5 de huit à la main à 11 f. 2 d. $\frac{94}{99}$ par louis de défavantage.. | 56   2 | $\frac{74}{99}$ |
| 4 de neuf à la main à 7 f. 3 d. $\frac{23}{63}$ par louis de défavantage.. | 29   1 | $\frac{29}{63}$ |
| 3 de dix à la main à 35 f. 2 d. $\frac{6}{7}$ par louis d'av..... 105   8   $\frac{4}{7}$ | | |
| 211 5 $\frac{1}{7}$ | 211   5 | $\frac{1}{7}$ |

On voit que de trente événemens, fix pro-
duiront une fomme d'avantages parfaitement égale à celle des défavantages produite par les vingt-
quatre autres. D'après cela on pourroit foupçonner que l'intention de l'inventeur de ce jeu étoit
qu'il fût joué comme je le dis : puifqu'il eft à
fuppofer que fon deffein étoit de le rendre égal.

Comme il s'eft introduit dans ce jeu quantité
de paris fur la folution des coups en un ou plufieurs jets & que les proportions tiennent à un
calcul compliqué qui n'eft point à la portée de
tous les joueurs, qui font cependant intéreffés à

en connoitre la valeur, je donne ci-après un tableau de ce qu'on peut y mettre.

## TABLEAU

*des proportions & des paris que l'on peut faire sur les événemens ci-après.*

| En donnant | Termes des solutions. | Proportions exactes. | Proportions les plus rapprochées de l'usage des paris. | Différences de celui qui tient pour la solution. | |
|---|---|---|---|---|---|
| | Du premier coup. | 5 contre 13 | 3 contre 8 | avantage 4 f. $\frac{5}{6}$ | |
| 5 & 9. à la main. | dans deux coups. | 73 . . . . 89 | 4 . . . . . . 5 | avantage 6 f. | |
| | dans trois coups. | 3391 . 2441 | 4 . . . . . . 3 | avantage 9 $\frac{2}{3}$ | par louis. |
| | Du premier coup. | 11 contre 25 | 3 contre 7 | avant. 5 f. $\frac{1}{3}$ | |
| 6 & 8 à la main. | dans deux coups. | 79 . . . 83 | 1 . . . . . . 1 | défav. 11 f. $\frac{1}{4}$ | |
| | dans trois coups. | 14495 . 8833 | 8 . . . . . . 5 | avantage 5 $\frac{7}{8}$ | |
| | Du premier coup. | 1 contre 2 | 1 contre 2 | égal. | |
| 7 à la main. | dans deux coups. | 169 . . . 155 | 1 . . . . . . 1 | avant. 20 f. $\frac{3}{4}$ | |
| | dans trois coups. | 319 . . 167 | 2 . . . . . 1 | défav. 9 f. | |

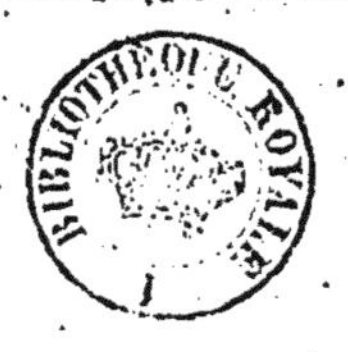

# TABLEAU

## *des proportions & des paris que l'on peut faire fur les événemens ci-après.*

| Lorfque la chance eft décidée. | Termes des folutions. | Proportions exactes. | Proportions les plus rapprochées de l'ufage des paris. | Différences de celui qui tient pour la folution. par louis. |
|---|---|---|---|---|
|  | du premier coup | 7 contre 29 | 2 contre 9 | avantage 12 f. |
| 4 & 10 à 5 | dans deux coups | 455 . . 841 | 1 . . . 2 | avantage 17 $\frac{3}{4}$ |
| 4 & 10 à 9 | dans trois coups | 22267 24389 | 8 . . 9 | avantage 6 |
| 4 & 10 à 6 | du premier coup | 2. contre 7 | 2 contre 7 | égal |
| 4 & 10 à 8 | dans deux coups | 32 . . 49 | 3 . . 5 | avantage 7 $\frac{1}{4}$ |
| 5 à 9 ou 9 à 5 | dans trois coups | 1369 . 1520 | 6 . . 7 | avantage 14 $\frac{4}{5}\frac{1}{6}$ |
| 4 ou 10 à 7 | | | 1 contre 3 | égal |
| 5 ou 9 à 8 | du premier coup | 1 . . . 3 | | égal |
| 5 ou 9 à 6 | dans deux coups | 7 . . . 9 | 7 . . 9 | |
| 8 à 5 ou 9 | dans trois coups | 37 . . 27 | 4 . . 3 | avantage 6 $\frac{1}{2}$ |
| 6 à 5 ou 9 | | | | |
| 5 ou 9 à 7 | du premier coup | 5 contre 23 | 3 contre 8 | avantage 4 $\frac{5}{6}$ |
| 7 à 5 ou 9 | dans deux coups | 155 . . 276 | 6 . . 7 | avantage 6 $\frac{1}{2}$ |
| 6 à 8 ou 8 à 6 | dans trois coups | 7275 . 4394 | 8 . . 5 défavant. 7 / ou / 3 . . 2 avantage 22 | $\frac{3}{4}\frac{1}{2}$ |
| 6 à 7 ou 7 à 6 | du premier coup | 11 contre 25 | 3 contre 7 | avantage 5 $\frac{1}{3}$ |
| 8 à 7 ou 7 à 8 | dans deux coups | 671 . . 625 | 1 contre 1 | avantage 17 |
|  | dans trois coups | 31031 15625 | 2 . . 1 | défavant. 1 |

# LE PASSE-DIX,

Se joue avec trois dés qui produifent les deux cents feize variations fuivantes.

| | | | | |
|---|---|---|---|---|
| 1 maniere d'a- | 3 1 3 | 2 4 3 | 5 1 4 | 1 6 5 |
| mener trois, | 3 2 2 | 2 5 2 | 5 2 3 | 2 4 6 |
| 1 1 1 | 3 1 1 | 2 6 1 | 5 3 2 | 2 5 5 |
| 3 man. d'ame- | 4 1 2 | 3 1 5 | 5 4 1 | 2 6 4 |
| ner quatre, | 4 2 1 | 3 2 4 | 6 1 3 | 3 3 6 |
| 1 1 2 | 5 1 1 | 3 3 3 | 6 2 2 | 3 4 5 |
| 1 2 1 | 21 man. d'a- | 3 4 2 | 9 3 1 | 3 5 4 |
| 2 1 1 | mener huit, | 3 5 1 | 27 man. d'a- | 3 6 3 |
| 6 man. d'ame- | 1 1 6 | 4 1 4 | mener onze, | 4 2 6 |
| ner cinq, | 1 2 5 | 4 2 3 | 1 4 6 | 4 3 5 |
| 1 1 3 | 1 3 4 | 4 3 2 | 1 5 5 | 4 4 4 |
| 1 2 2 | 1 4 3 | 4 4 1 | 1 6 4 | 4 5 3 |
| 1 3 1 | 1 5 2 | 5 1 3 | 2 3 6 | 4 6 2 |
| 2 1 2 | 1 6 1 | 5 2 2 | 2 4 5 | 5 1 6 |
| 3 1 1 | 2 1 5 | 5 3 1 | 2 5 4 | 5 2 5 |
| 2 2 1 | 2 2 4 | 6 1 2 | 2 6 3 | 5 3 4 |
| 10 man. d'a- | 2 3 3 | 6 2 1 | 3 2 6 | 5 4 3 |
| mener fix, | 2 4 2 | 27 man. d'a- | 3 3 5 | 5 5 2 |
| 1 1 4 | 2 5 1 | mener dix, | 3 4 4 | 5 6 1 |
| 1 2 3 | 3 1 4 | 1 3 6 | 3 5 3 | 6 1 5 |
| 1 3 2 | 3 2 3 | 1 4 5 | 3 6 2 | 6 2 4 |
| 1 4 1 | 3 3 2 | 1 5 4 | 4 1 6 | 6 3 3 |
| 2 1 3 | 3 4 1 | 1 6 3 | 4 2 5 | 6 4 2 |
| 2 2 2 | 4 1 3 | 2 2 6 | 4 3 4 | 6 5 1 |
| 2 3 1 | 4 2 2 | 2 3 5 | 4 4 3 | 21 man. d'a- |
| 3 1 2 | 4 3 1 | 2 4 4 | 4 5 2 | mener 13, |
| 3 2 1 | 5 1 2 | 2 5 3 | 4 6 1 | 1 6 6 |
| 4 1 1 | 5 2 1 | 2 6 2 | 5 1 5 | 2 5 6 |
| 15 man. d'a- | 6 1 1 | 3 1 6 | 5 2 4 | 2 6 5 |
| mener fept, | 25 man. d'a- | 3 2 5 | 5 3 3 | 3 4 6 |
| 1 1 5 | mener neuf, | 3 3 4 | 5 4 2 | 3 5 5 |
| 1 2 4 | 1 2 6 | 3 4 3 | 5 5 1 | 3 6 4 |
| 1 3 3 | 1 3 5 | 3 5 2 | 6 1 4 | 4 3 6 |
| 1 4 2 | 1 4 4 | 3 6 1 | 6 2 3 | 4 4 5 |
| 1 5 1 | 1 5 3 | 4 1 5 | 6 3 2 | 4 5 4 |
| 2 1 4 | 1 6 2 | 4 2 4 | 6 4 1 | 4 6 3 |
| 2 2 3 | 2 1 6 | 4 3 3 | 25 man. d'a- | 5 2 6 |
| 2 3 2 | 2 2 5 | 4 4 2 | mener 12, | 5 3 5 |
| 2 4 1 | 2 3 4 | 4 5 1 | 1 5 6 | 5 4 4 |

| | | | | |
|---|---|---|---|---|
| 5 5 3 | 3 5 6 | 6 4 4 | 6 3 6 | 6 6 4. |
| 5 6 2 | 3 6 5 | 6 5 3 | 6 4 5 | 3 man, d'a- |
| 6 6 1 | 4 4 6 | 6 6 2 | 6 5 4 | mener 17, |
| 6 2 5 | 4 5 5 | 10 man. d'a- | 6 6 3 | 5 6 6 |
| 6 3 4 | 4 6 4 | mener 15, | 6 man. d'a- | 6 5 6 |
| 6 4 3 | 5 3 6 | 3 6 6 | mener 16, | 6 6 5 |
| 6 5 2 | 5 4 5 | 4 5 6 | 4 6 6 | 1 man. d'a- |
| 6 1 6 | 5 5 4 | 4 6 5 | 4 5 6 | mener 18, |
| 15 man. d'a- | 5 6 3 | 5 4 6 | 5 6 5 | 6 6 6. |
| mener 14, | 6 2 6 | 5 5 5 | 6 4 6 | |
| 2 6 6 | 6 3 5 | 5 6 4 | 6 5 5 | |

Suivant le jeu ordinaire il faut deux points pareils pour décider le coup.

Il y a dans les deux cents seize variations, 48 coups de passe, 48 de manque, & 120 nuls ; ainsi le jeu est égal. Lorsqu'un banquier le tient, les points de 4 & de 17 sont pour son avantage ; en ce qu'il tire ce qui perd & ne paye pas ce qui devroit gagner. Cela lui fait un avantage de $3\frac{1}{8}$ pour cent, ou 15 f. par louis.

Le pari égal que ce sera fini du premier coup est de 4 contre 5.

En pariant 9 contre 4 que ce sera fini en deux coups, on a un avantage de cinq sous & demi par louis.

On peut jouer le passe-dix à toutes chances. Pour lors, le banquier a pour lui les points de 5 & de 16, ce qui lui fait un avantage de $2\frac{7}{9}$ pour cent ou 13 f. $\frac{1}{3}$ par louis.

# LA ROULETTE

A quarante caſſes, vingt d'une couleur & vingt d'une autre. On fait circuler une boulequi fait gagner celle des deux couleurs, où elle s'arrête. Dans les vingt caſſes de chaque couleur il y en a une pour le banquier, qui a l'avantage lorſque la boule s'y arrête, de tirer ce qui a perdu, ſans payer celle qui devroit gagner. Cela lui fait un objet de $2\frac{1}{2}$ pour cent ou douze ſ. par louis.

## LE TRENTE ET QUARANTE.

Le trente & quarante fe joue avec fix jeux de cartes complets. On tire deux points qui ne peuvent être moins que trente-un, & pas plus que quarante. La première extraction eft pour la noire, & la feconde pour la rouge. Le point qui approche le plus près de trente-un fait gagner la couleur pour laquelle il eft.

Ce jeu eft parfaitement égal, au refait de trente-un, près qui fait l'avantage du banquier, en ce qu'il tire la moitié de ce qui eft aux deux couleurs. C'eft un objet de $1\frac{1865}{6589}$ pour cent, ou 6 f. 2 d. $\frac{1}{4}$ par louis.

Il eft de tous les jeux de hafard celui qui eft le moins défavantageux aux pontes, & le plus honnête par la franchife avec laquelle il fe fait de part & d'autre.

On n'a point encore calculé le fond de ce jeu d'une manière exacte. Tout ce qu'on en fait eft établi fur des fuppofitions qui me paroiffent peu fondées. Soit qu'on les ait tirées de différentes remarques, la diverfité des opinions fait voir qu'elles n'ont pas donné les mêmes réfultats.

Les uns eftiment que le refait de trente-un doit

arriver tous les vingt-sept coups, d'autres tous les trente-quatre; mais il ne peut arriver si fréquemment, surtout en le comparant avec celui de quarante qu'on prétend devoir arriver tous les trois cents coups. Si cette derniere suppofition étoit jufte, il me paroit que le refait de trente-un devroit être d'autant plus rare; & fi au contraire celui-ci arrivoit tous les vingt-fept ou tous les trente-quatre coups, celui de quarante feroit encore infiniment plus rare que je ne le fuppofe. L'un & l'autre ne peuvent être juftes enfemble. L'impoffibilité en eft évidente par tous les refaits en général, qui, arrivant dans une même proportion, rempliroient une grande partie de la taille, enforte qu'il y auroit beaucoup moins de coups décififs : On fent que cela ne peut être, & que dans vingt-huit à trente coups qui réfultent des trois cents douze cartes, il y en a régulierement 25 à 27 de bons.. (*)

Le feul principe fur lequel on puiffe établir la fréquence & la rareté des différens coups, eft ce-

---

(*) Il eft impoffible qu'il y ait plus de 32 coups & moins de 25 dans les 312 cartes. Le nombre commun eft de 26 coups décififs & de 3 refaits. Il eft rare que l'événement s'écarte beaucoup de cela.

lui-ci. Il faut obferver que des dix points de trente-un à quarante, les uns arrivent plus facilement que les autres. Par exemple celui de quarante ne peut fe faire que quand la derniere carte eft un 10.

Celui de neuf par . . . 10. & 9.
Celui de huit par . . . 10. 9. & 8.
Celui de fept par . . . 10. 9. 8. & 7.
Celui de fix par . . . 10. 9. 8. 7. & 6.
Celui de cinq par . . . 10. 9. 8. 7. 6. & 5.
Celui de quatre par . . 10. 9, 8. 7. 6. 5. & 4.
Celui de trois par . . 10 9. 8. 7. 6. 5. 4. & 3.
Celui de deux par . . 10. 9. 8. 7. 6. 5. 4. 3. & 2.
Celui de trente-un par. 10. 9. 8. 7. 6. 5. 4. 3. 2 & 1.

Les différens arrangemens qui peuvent fe trouver dans les cartes avant qu'on en vienne à la derniere, n'ont prefque plus d'influence dans le fort, & le peu ne peut occafionner de différence. Il eft tel, que fi on jouoit de 41 à 50 il feroit abfolument nul : au contraire, fi on jouoit de 21 a 30 il feroit pour beaucoup ; de 11 à 20, il feroit prefque tout ; & de 1 à 10, mon fyftême difparoitroit.

Comme il eft évident que les effets fe repro-

duifent en raifon du nombre de leurs caufes, le
point de trente-un arrivera 13 fois, pendant que
celui de trente-deux n'arrivera que . 12

Celui de trente-trois que . . . . 11
Celui de trente-quatre que . . . 10
Celui de trente-cinq que . . . . 9
Celui de trente-fix que . . . . 8
Celui de trente-fept que . . . . 7
Celui de trente-huit que . . . . 6
Celui de trente-neuf que . . . . 5
Celui de quarante que . . . . 4

Comme il faut le concours de deux de ces
points pour former un coup & que le nombre
proportionnel ci-deffus fe monte à quatre-vingt
cinq, le quarré de cette fomme fera la quantité
où tous les différens événemens fe reproduiront
en raifon du nombre des caufes qui leur appar-
tiennent.

| Ainfi dans 7225 coups

| | | | | | |
|---|---|---|---|---|---|
| 31 & 31 arrivera 169 fois | 31 & 37 arrivera 91 fois |
| 31 & 32 . . 156 | 31 & 38 . . 78 |
| 31 & 33 . . 143 | 31 & 39 . . 65 |
| 31 & 34 . . 130 | 31 & 40 . . 52 |
| 31 & 35 . . 117 | 32 & 31 . . 156 |
| 31 & 36 . . 104 | 32 & 32 . . 144 |

| | | | | | | | | |
|---|---|---|---|---|---|---|---|---|
| 32 | & | 33 | arrivera | 132 fois | 35 | & | 37 arrivera | 63 fois |
| 32 | & | 34 | . . | 120 | 35 | & | 38 . . | 54 |
| 32 | & | 35 | . . | 108 | 35 | & | 39 . . | 45 |
| 32 | & | 36 | . . | 96 | 35 | & | 40 . . | 36 |
| 32 | & | 37 | . . | 84 | 36 | & | 31 . . | 104 |
| 32 | & | 38 | . . | 72 | 36 | & | 32 . . | 96 |
| 32 | & | 39 | . . | 60 | 36 | & | 33 . . | 88 |
| 32 | & | 40 | . . | 48 | 36 | & | 34 . . | 80 |
| 33 | & | 31 | . . | 143 | 36 | & | 35 . . | 72 |
| 33 | & | 32 | . . | 132 | 36 | & | 36 . . | 64 |
| 33 | & | 33 | . . | 121 | 36 | & | 37 . . | 56 |
| 33 | & | 34 | . . | 110 | 36 | & | 38 . . | 48 |
| 33 | & | 35 | . . | 99 | 36 | & | 39 . . | 40 |
| 33 | & | 36 | . . | 88 | 36 | & | 40 . . | 32 |
| 33 | & | 37 | . . | 77 | 37 | & | 31 . . | 91 |
| 33 | & | 38 | . . | 66 | 37 | & | 32 . . | 84 |
| 33 | & | 39 | . . | 55 | 37 | & | 33 . . | 77 |
| 33 | & | 40 | . . | 44 | 37 | & | 34 . . | 70 |
| 34 | & | 31 | . . | 130 | 37 | & | 35 . . | 63 |
| 34 | & | 32 | . . | 120 | 37 | & | 36 . . | 56 |
| 34 | & | 33 | . . | 110 | 37 | & | 37 . . | 49 |
| 34 | & | 34 | . . | 100 | 37 | & | 38 . . | 42 |
| 34 | & | 35 | . . | 90 | 37 | & | 39 . . | 35 |
| 34 | & | 36 | . . | 80 | 37 | & | 40 . . | 28 |
| 34 | & | 37 | . . | 70 | 38 | & | 31 . . | 78 |
| 34 | & | 38 | . . | 60 | 38 | & | 32 . . | 72 |
| 34 | & | 39 | . . | 50 | 38 | & | 33 . . | 66 |
| 34 | & | 40 | . . | 40 | 38 | & | 34 . . | 60 |
| 35 | & | 31 | . . | 117 | 38 | & | 35 . . | 54 |
| 35 | & | 32 | . . | 108 | 38 | & | 36 . . | 48 |
| 35 | & | 33 | . . | 99 | 38 | & | 37 . . | 42 |
| 35 | & | 34 | . . | 90 | 38 | & | 38 . . | 36 |
| 35 | & | 35 | . . | 81 | 38 | & | 39 . . | 30 |
| 35 | & | 36 | . . | 72 | 38 | & | 40 . . | 24 |

| | | | | | | | | | |
|---|---|---|---|---|---|---|---|---|---|
| 39 | & | 3I | arrivera | 65 fois | 40 | & | 3I | arrivera | 52 fois |
| 39 | & | 32 | . . | 60 | 40 | & | 32 | . . | 48 |
| 39 | & | 33 | . . | 55 | 40 | & | 33 | . . | 44 |
| 39 | & | 34 | . . | 50 | 40 | & | 34 | . . | 40 |
| 39 | & | 35 | . . | 45 | 40 | & | 35 | . . | 36 |
| 39 | & | 36 | . . | 40 | 40 | & | 36 | . . | 32 |
| 39 | & | 37 | . . | 35 | 40 | & | 37 | . . | 28 |
| 39 | & | 38 | . . | 30 | 40 | & | 38 | . . | 24 |
| 39 | & | 39 | . . | 25 | 40 | & | 39 | . . | 20 |
| 39 | & | 40 | . . | 20 | 40 | & | 40 | . . | 16 |

Dans ces sept mille deux cents vingt-cinq coups, il y a huit cents cinq refaits; cela revient à un dans huit ou neuf coups ou environ sept dans deux tailles.

Il résulte qu'un refait de trente-un arrivera dans 42 ou 43 coups (*)

Celui de trente-deux dans . . 50 ou 5I

Celui de trente-trois dans . . 59 ou 60

Celui de trente-quatre dans . 72 ou 73

Celui de trente-cinq dans . . 89 ou 90

Celui de trente-six dans . . 112 ou 113

Celui de trente-sept dans . . 147 ou 148

Celui de trente-huit dans . . 200 ou 201

Celui de trente-neuf dans . . 289

Celui de quarante dans . . 451 ou 452

(*) En disant que le refait de 3I arrivera tous les 42 ou 43 coups ; j'y comprens les autres refaits qui font nuls. En les déduisant on trouvera qu'il doit arriver tous les 38 ou 39 coups décififs.

Pour s'affurer de la juftelle de ces probabilités il fuffit de voir, felon mon premier principe, combien il y a à parier pour le premier point, enfuite multiplier la fomme par le rapport du paroli, & on la trouvera jufte. Par exemple pour le refait du trente-un, il y a 13 contre 72, ou 1 contre $5\frac{7}{13}$ pour le premier point; la fomme du paroli fera de $42\frac{127}{169}$. Otant un de mife, il refte 1 contre $41\frac{128}{169}$ à parier que le coup ne fera pas trente un & trente-un.

*Proportions de ce que le banquier pourroit donner ou recevoir d'accommodement fur la connoiffance du premier point.*

Lorfqu'on eft fur la noire.

| | liv. | f. | d. | |
|---|---|---|---|---|
| Sur le point de 31 le banquier devroit donner (*) | 18 | 9 | 10 | $\frac{10}{17}$ |
| de 32 . . . . . . . . . . | 13 | 8 | 2 | $\frac{14}{17}$ |
| de 33 . . . . . . . . . . | 6 | 15 | 6 | $\frac{6}{17}$ |
| de 34 . . . . . . . . . . | | 16 | 11 | $\frac{5}{17}$ |
| de 35 on devroit donner au banquier | 4 | 10 | 4 | $\frac{4}{17}$ |
| de 36 . . . . . . . . . . | 9 | 6 | 4 | $\frac{4}{17}$ |
| de 37 . . . . . . . . . . | 13 | 11 | | $\frac{12}{17}$ |
| de 38 . . . . . . . . . . | 17 | 4 | 5 | $\frac{11}{17}$ |
| de 39 . . . . . . . . . . | 20 | 6 | 7 | $\frac{1}{17}$ |
| de 40 . . . . . . . . . . | 22 | 17 | 4 | $\frac{16}{17}$ |

(à droite, en colonne : par louis)

---

(*) Sans l'avantage du 31 le banquier devroit donner à la noire 20 liv. 6 f. 7 d. au lieu de 18 liv. 9 f. 10 d., de même ne recevoir à la rouge que 20 lv. 6 f. 7 d. au lieu de 22 liv. 3 f. 3 d.

Lorfqu'on eft fur la rouge.

|  | | | par louis, |
| --- | --- | --- | --- |
| Sur le point de 31 on devroit donner au banquier 22 | 3 | 3 | $\frac{9}{17}$ |
| de 32 . . . . . . . . . . . 13 | 8 | 2 | $\frac{14}{17}$ |
| de 33 . . . . . . . . . . . 6 | 15 | 6 | $\frac{6}{17}$ |
| de 34 . . . . . . . . . . | 16 | 11 | $\frac{5}{17}$ |
| de 35 le banquier devroit donner 4 | 10 | 4 | $\frac{4}{17}$ |
| de 36 . . . . . . . . . . 9 | 6 | 4 | $\frac{4}{17}$ |
| de 37 . . . . . . . . . . 13 | 11 |  | $\frac{12}{17}$ |
| de 38 . . . . . . . . . . 17 | 4 | 5 | $\frac{15}{17}$ |
| de 39 . . . . . . . . . . 20 | 6 | 7 | $\frac{1}{17}$ |
| de 40 . . . . . . . . . . 22 | 17 | 4 | $\frac{10}{17}$ |

De pareils arrangemens ne font fufceptibles
des proportions ci-devant que lorfqu'il n'y a que
le premier point de tiré ; car fi quelques cartes
du fecond étoient déjà abatues, cela changeroit
la fituation du jeu.

Dans la bonne régle, la derniere carte du talon
ne devroit pas compter, par la raifon qu'elle eft
connue : de plus comme on peut fpéculer fur le
dernier coup, l'égalité du jeu eft rompue ; parce
que toutes les fois que le dernier coup finit par
la derniere carte, il eft prefque toujours probable que la rouge gagnera de préférence à la noire.
Si c'eft même un neuf, la rouge ne peut avoir

au-delà de trente-neuf tandis que la noire peut avoir jufqu'à quarante.

Il ne peut exifter aucune marche, aucune maniere de jouer pour gagner furement ; pas même pour ôter la moindre portion de l'avanta-ge du banquier. A la longue tous les événemens s'égalifent, & le banquier ayant plus de chances en fa faveur que le ponte doit gagner abfolument. Si un joueur a eu le bonheur de faire un gros coup, il le reperdra en détail, de même que ce qu'on aura gagné avec une martingale on le reperdra en gros ; par ce que telle grande qu'elle foit, elle fautera dans une proportion égale à ce qu'elle peut rapporter.

Il ne faut pas qu'un joueur fe fie à l'expérience trompeufe de quelques centaines de tailles : en eût-il des mille, à force de les retourner il trou-vera à y adapter une marche (*) qui n'auroit

(*) Le nombre des marches que l'on peut compofer eft prodigieux ; puifque fur une fuite de 26 coups il y en a 67, 108,864. C'eft-à-dire qu'il y a 67,108,864 manieres dont une taille compofée de vingt-fix coups peut arriver. Telle maniere poffible que l'on voudroit déterminer en a 67, 108, 863 autres contre elle, qui toutes font également poffibles. Dans ce nombre il n'y a qu'une chance pour que la taille foit tout coups de rouges, une tout coups de noires, une tout intermittente commencée par rouge, une tout intermittente commencée par noire. A force de tailler il

point manqué ; mais dès qu'il voudra la mettre en pratique, il rencontrera un hazard qui le mettra dans le nombre de ceux qui calculent continuellement & qui perdent toujours.

Si un joueur a eu la chance de doubler, de tripler, de quadrupler fa martingale, fans fauter, il ne faut pas s'imaginer que fa méthode vaille mieux pour cela : ce n'eft pofitivement que la

---

eft probable que ces événemens que l'on regarde comme impoffibles à caufe de leur uniformité fe montreront quelque jour, mais la période dans laquelle on peut les attendre eft bien longue ; car fuppofez qu'on fît régulierement dix tailles par jour il faudroit un efpace d'environ dix-huit mille cinq cents ans pour les voir une feule fois.

Pour traiter la chofe en petit, il y a foixante quatre manieres dont une fuite de fix coups peut fe produire ; de là vient qu'il y a 63 contre 1 à parier qu'on ne gagnera pas fix coups de fuite. S'il y avoit foixante-quatre joueurs qui tinffent chacun une marche différente, à toute révolution il y en auroit un qui gagneroit ce que les foixante-trois autres perdroient, ou bien un joueur qui répéteroit fon jeu 64 fois gagneroit probablement en une ce qu'il perdroit dans les 63 autres ; parce que dans l'ordre des événemens on doit confidérer comme la même chofe 64 joueurs pour un feul coup ou 64 coups pour un feul joueur. Il n'eft que probable & non pas certain qu'en 64 jeux on en gagnera un de 6 coups de fuite ; mais le plus fouvent cela arrivera. Et puifqu'on peut le gagner dès la premiere fois, & par conféquent épargner la perte des 63 autres, ou bien le gagner plufieurs fois dans cet efpace, de même auffi il faut qu'il arrive quelquefois qu'on perde au delà avant que de gagner à la longue ; le retard des uns compenfera l'avance des autres.

même mesure de bonheur, comme de gagner un paroli, un fept & le va, &c.

Toutes les progreffions reviennent au même; & celle qui augmente le plus ne fait que faire jouer plus gros ; celui qui croit ne jouer qu'à un louis, parce que le premier coup de fa martingale commence par là, en joue véritablement plus ; par exemple, fi elle eft de fix coups & qu'elle fe monte à 120 louis, par la continuation, chacun reviendra l'un parmi l'autre à 5 louis & $\frac{1}{9}$, de forte que fans martingaler, s'il eût joué coup par coup cinq louis & un neuvieme, cela feroit revenu abfolument au même, & par la continuation il auroit perdu autant d'une façon que de l'autre. Ceci n'exclut point la poffibilité momentanée de gagner, parce que pour un ou peu de coups l'avantage du banquier n'eft rien ; mais feulement qu'à la longue on doit finir par payer le plaifir qu'on a eu ou la peine qu'on s'eft faite.

Le trente & quarante ne comporte point de fauffe taille. Soit que le banquier fe trompe en comptant, comme tous les pontes comptent avec lui, ils peuvent le reprendre : une carte tirée de trop eft réfervée & vaut pour le point fuivant : n'ayant pas à craindre, comme au Pharaon, la

fpéculation des joueurs de figures, le banquier
détache les cartes trop à découvert & trop libre-
ment pour pouvoir être fufpecté : auffi de deux
cartes tombantes enfemble on voit toujours évidemment quelle eft celle des deux qui doit fervir la premiere. Il eft fenfible que s'il y avoit
fauffe-taille dans de pareils cas, on la feroit naître à chaque inftant ; parce que les cartes paffant
par toutes les mains, on pourroit les coller
exprès.

La feule circonftance où l'on pourroit faire
quelques difficultés, feroit fi le banquier ne fi-
niffoit pas la taille ; parce qu'il eft d'ufage de tailler à fond & même de montrer avec évidence
que le refte des cartes ne peut pas faire un coup.
Je n'en infére pas que ce feroit fauffe-taille s'il man-
quoit de donner cette fatisfaction aux pontes ;
parce que, comme je l'ai déjà dit, là où il ne peut
y avoir de tromperie, il ne peut y avoir de punition. Et il ne peut y avoir en cela de tromperie ; puifque l'événement eft incertain & que le
nombre de cartes qu'il faut pour le décider écarte
l'idée du foupçon qui autorife la fauffe-taille au
Pharaon, où une feule carte décidant du fort, le
banquier peut être foupçonné de la connoître :

en outre comme le ponte ne peut retirer fa carte
quand il le veut, de même auffi le banquier ne
peut renoncer à la partie fans la perdre. Au trente
& quarante au contraire chaque coup forme une
nouvelle partie, & fi on vouloit parler d'inégalité,
cette raifon feroit au préjudice du banquier qui
en refufant de jouer, fe priveroit de l'avantage
du refait de trente-un s'il arrivoit.

A aucun jeu, jamais le banquier ne peut
fe prévaloir du faut de fa banque pour fe difpen-
fer de payer complettement, parce qu'avant de
tirer le coup, c'eft à lui à voir s'il peut perdre
autant qu'il peut gagner : eût-il moins en banque qu'il n'y a fur le jeu, du moment qu'il tient
le coup il reconnoit tacitement qu'il fait bon.

Il dépend du banquier de régler & de borner
fon jeu comme il lui plait ; parce que dans aucun cas un joueur ne peut obliger l'autre à jouer
plus gros qu'il ne veut. Tout ce qu'on pourroit
faire contre un banquier qui feroit déraifonnable,
ou fi les régles qu'il établiroit ne convenoient
point, ce feroit de ne pas jouer du tout contre
lui.

## LE PHARAON

Se joue avec un jeu de cartes complet ; la premiere eft pour le banquier & l'autre pour le ponte.

Le défavantage confifte dans les doublets & dans la derniere carte. Il y a communément trois doublets dans deux tailles. Si tout le jeu étoit joué également, l'avantage du banquier feroit de $3\frac{23}{29}$ pour cent, ou 17 f. $\frac{1}{4}$ par louis ; mais comme il ne l'eft point, & que la probabilité des doublets, de la derniere carte, & la fituation de chaque jeu varient tous les coups, on ne peut l'apprécier au jufte.

Excepté lorfqu'une carte eft encore quatre fois dans le jeu, il eft peu de pofitions où le rifque de tomber à la derniere carte ne foit plus grand que le défavantage d'effuyer un doublet. Il dépend du ponte de diminuer le hafard de celui-ci ; par exemple s'il choifit la carte de face ou la carte Anglaife. Il eft moindre fur celles-là que fur d'autres qui ne font point encore forties. Le contraire arrive lorfque beaucoup de cartes font tirées & que quatre femblables font encore dans le jeu ; alors il augmente en proportion du tems qu'elles reftent encore fans fortir.

Le pharaon eft très amufant par l'illufion que font les parolis & autres plis qui empêchent de s'appercevoir de ce qu'on joue ; le beau de ce jeu étant de chercher à faire de grands coups, tel qui rifque un fept ou un quinze-leva, ne l'expoferoit peut-être pas s'il voyoit la fomme en efpeces. Sur la fin de la taille, le banquier annonce ordinairement qu'il n'y a plus beaucoup de cartes, afin de prévenir ceux qui voudroient encore mettre, de ne pas faire un jeu trop défavantageux.

Toute carte qui a fouffert taille doit refter jufqu'à ce que le fort en foit décidé. Un jeu fait ne peut non plus fe changer ni fe tranfporter.

# TABLEAU
## *de la progreſſion des déſavantages.*

| Lorsqu'il y a encore | Lorsque celle qu'on joue n'y est plus qu'une fois. par louis. | | | deux fois. par louis. | | | trois. fois. par louis. | | | quatre fois. par louis. | | |
|---|---|---|---|---|---|---|---|---|---|---|---|---|
| | liv. | f. | d. | liv. | f. | d. | liv. | f. | d. | liv. | f. | d. |
| 52 cartes | | | | | | | | 7 | 3 | | 9 | 10 |
| 50 | | 9 | 9 | | 4 | 11 | | 7 | 7 | | 10 | 3 |
| 48 | | 10 | 2 | | 5 | 1 | | 7 | 11 | | 10 | 8 |
| 46 | | 10 | 8 | | 5 | 4 | | 8 | 2 | | 11 | 3 |
| 44 | | 11 | 1 | | 5 | 7 | | 8 | 8 | | 11 | 10 |
| 42 | | 11 | 8 | | 5 | 11 | | 9 | 2 | | 12 | 3 |
| 40 | | 12 | 3 | | 6 | 2 | | 9 | 8 | | 13 | 1 |
| 38 | | 12 | 11 | | 6 | 6 | | 10 | 2 | | 13 | 11 |
| 36 | | 13 | 8 | | 6 | 11 | | 10 | 10 | | 14 | 11 |
| 34 | | 14 | 6 | | 7 | 4 | | 11 | 6 | | 15 | 9 |
| 32 | | 15 | 5 | | 7 | 10 | | 12 | 3 | | 16 | 10 |
| 30 | | 16 | 6 | | 8 | 5 | | 13 | 2 | | 18 | 1 |
| 28 | | 17 | 9 | | 9 | | | 14 | 3 | | 19 | 7 |
| 26 | | 19 | 2 | | 9 | 9 | | 15 | 5 | 1 | 1 | 4 |
| 24 | 1 | | 10 | 10 | 8 | | 16 | 11 | | 1 | 3 | 5 |
| 22 | 1 | 2 | 10 | 11 | 8 | | 18 | 9 | | 1 | 5 | 11 |
| 20 | 1 | 5 | 3 | 12 | 11 | | 1 | | 11 | 1 | 9 | 1 |
| 18 | 1 | 8 | 2 | 14 | 6 | | 1 | 4 | 5 | 1 | 11 | |
| 16 | 1 | 12 | | 16 | 6 | | 1 | 7 | 3 | 1 | 18 | 6 |
| 14 | 1 | 16 | 11 | 19 | 2 | | 1 | 12 | 2 | 2 | 5 | 11 |
| 12 | 2 | 3 | 7 | 1 | 2 | 10 | 1 | 19 | 4 | 2 | 16 | 11 |
| 10" | 2 | 13 | 4 | 1 | 8 | 2 | 2 | 10 | 6 | 3 | 14 | 10 |
| 8 | 3 | 8 | 6 | 1 | 16 | 11 | 3 | 10 | 9 | 5 | 9 | 5 |
| 6 | 4 | 16 | | 2 | 13 | 4 | 6 | | | 10 | 5 | |
| 4 | 8 | | | 4 | 16 | | la moitié fûre | | | | | |
| 2 | tout | | | | | | | | | | | |

Le Banquier fait fauſſe taille lorſqu'il met deux cartes de ſuite ſur un même tas ; lorſqu'il ne taille pas à fond, ſans des motifs valables, tels que les cas d'une couche trop forte ou que les fonds lui manquent, ou enfin de rumeur & de déſordre à la partie. Il fait également fauſſe taille par quelques mouvemens ſuſpects, comme en reportant ſur le talon une carte qui en étoit déjà détachée. Il ne ne faut pas confondre cette derniere action avec celle de tirer deux cartes qui tiennent quelquefois enſemble ; car en les tenant ſéparées du talon et les détachant bien évidemment dans leur ordre, il n'y a rien contre la régle.

Une loi auſſi ſévere eſt établie pour forcer le banquier à ſe mettre dans le cas de n'être jamais ſoupçonné d'infidélité. Lorſqu'il fait fauſſe taille il eſt obligé de payer tout le jeu de la même maniere que ſi toutes les cartes euſſent gagné (*) : c'eſt-à-dire celles qui ſe trouvent ſur table au moment que la fauſſe taille eſt reconnue ; car tout ce qui eſt paſſé eſt bon en perte comme en

---

(*) Il me ſemble que pour rendre la loi contre la fauſſe taille encore plus légitime, il devroit y en avoir une de réciprocité contre les faux jeux. Cette derniere ſeroit bien auſſi néceſſaire que la premiere, car je crois qu'il y a plus de pontes qui trompent les banquiers que de banquiers qui trompent les pontes.

gain; une carte de plus ou de moins dans le jeu n'eſt pas fauſſe taille, parce que cet événement eſt plus en faveur du ponte que du banquier qui perd par là ſa derniere carte & conſéquemment la plus forte portion de ſon avantage.

## LE BIRIBI

Eſt une lotterie de ſoixante & dix numéros deſquels on en tire un.

Le tableau ſur lequel on joue eſt ordinairement diſtribué de la maniere ſuivante:

| 1 | 9 | 17 | 25 | | 39 | 47 | 55 | 63 |
|---|---|----|----|----|----|----|----|----|
| 2 | 10 | 18 | 26 | 33 | 40 | 48 | 56 | 64 |
| 3 | 11 | 19 | 27 | 34 | 41 | 49 | 57 | 65 |
| 4 | 12 | 20 | 28 | 35 | 42 | 50 | 58 | 66 |
| 5 | 13 | 21 | 29 | 36 | 43 | 51 | 59 | 67 |
| 6 | 14 | 22 | 30 | 37 | 44 | 52 | 60 | 68 |
| 7 | 15 | 23 | 31 | 38 | 45 | 53 | 61 | 69 |
| 8 | 16 | 24 | 32 | | 46 | 54 | 62 | 70 |

Les chances les plus connues font:

Le plein ; c'eft-à-dire un feul numero pour lequel on rend 64 fois la mife.

Deux numéros à cheval. On rend trente-deux fois la mife.

Le petit quarré ; c'eft-à-dire quatre numéros en quarré ; on rend 16 fois la mife.

La colonne. C'eft-à-dire les huit numéros qui fe trouvent fur une même ligne. On rend 8 fois la mife. Comme il n'y a que fix numéros à celle du banquier, lorfque 33 ou 38 fortent on paye double.

Deux colonnes à cheval. On rend 4 fois la mife.

Les terminaifons ; c'eft-à-dire les numéros qui finiffent par zéro, neuf, huit, &c. fe payent huit fois la mife ; mais comme il n'y a que fept numéros de chaque terminaifon, lorfqu'elles font produites par les unités, 1, 2, 3, 4, 5, 6, 7, 8, 9, 10, on les paye doubles.

Deux terminaifons à cheval fe payent quatre fois.

Les grands & petits côtés ; on entend par petit côté les numéros de 1 à 32, & par grand côté de 39 à 70. On rend deux fois la mife.

Les pairs & impairs des grand & petit côtés; fe payent quatre fois la mife.

Les pairs & impairs de tout le jeu. On rend 2 fois la mife; mais lorfqu'un des numéros du banquier fort il ne paye rien.

La bordure. On entend par-là les 28 numéros qui bordent le tableau. On rend deux fois la mife; 33 & 38 fe payent doubles, ou bien 33 & 38 n'y font pas compris & pour lors ce font 1, 8, 63, 70, qui fe payent doubles.

L'intérieur. C'eft-à-dire les 40 numéros qui forment le centre du tableau; on rend 8 fur 5 de mife; 33 & 38 n'y font pas compris.

On pourroit jouer les colonnes tranfverfales en rendant 8 fois la mife, & ne payant pas le numéro du Banquier : de même que les grands quarrés; c'eft-à-dire les 16 numeros qui font à chacun des quatre coins du tableau & les payer 4 fois la mife.

On voit que ce jeu eft arrangé de maniere que le banquier ne paye jamais que fur le pied de 64 fur 70 de mife, ce qui lui fait un avantage de $8\frac{4}{7}$ pour cent ou 2 liv. 1 f. 8 d. $\frac{4}{7}$ par louis.

## LE LOTTO

Eſt compoſé de quatre-vingt dix numéros deſquels on tire cinq.

L'idée de ce jeu eſt due à des paris que quelques particuliers firent entr'eux à l'occaſion de
l'élection des cinq Sénateurs Génois. Comme cette élection ſe faiſoit par la voie du ſort, les ga-
geures pouvoient donner plus ou moins d'inté-
rêt en proportion du nombre des candidats. On
haſardoit de petites ſommes pour en gagner de
plus fortes. Le profit étoit proportionné à la difficulté du pari. Il étoit moins grand pour le nom
d'un ſeul candidat que quand on parioit pour deux
noms liés enſemble, moins conſidérable encore
que pour la rencontre de trois, & ainſi en proportion juſqu'à quatre & cinq.

Ces combinaiſons différentes, où le ſort étoit
lié à un, à deux, à trois, à quatre & à cinq
noms, ſont ce qu'on appelle aujourd'hui extrait, ambe, terne, quaderne & quine, & ces
cinq dénominations repréſentent les différens
dégrés de haſard dans chaque pari.

Le nombre prodigieux d'inſtructions dont les
entrepreneurs de ce jeu ont pris à tâche d'inon-

der le public me difpenfent de parler des manieres
de le jouer. Je me bornerai à en expofer les proportions.

Les 90 nombres forment: 90 extraits fimples.

                450 extraits déterminés.

                4005 ambes fimples.

                80100 ambes déterminés.

                117480 ternes.

                2555190 quadernes.

                43949268 quines.

Les cinq numéros que l'on en tire donnent:

                5   extraits fimples.

                5   extraits déterminés.

                10   ambes fimples.

                10   ambes déterminés.

                10   ternes.

                5   quadernes.

                1   quine.

Pour que les gains fuffent proportionnés aux
hafards, il faudroit rendre aux gagnans :

       18 fois la mife fur l'extrait fimple.

       90 . . . . l'extrait déterminé.

       400 $\frac{1}{2}$ . . . l'ambe fimple.

       8010 . . . . l'ambe déterminé.

       11748 . . . . le terne.

511038 . . . . le quaderne.

43949288 . . . . le quine.

Les taux des gains fixés par les banquiers font de (*)

15 fois la mife fur l'extrait fimple.

70 . . . . . l'extrait déterminé.

270 . . . . . l'ambe fimple.

5100 . . . . l'ambe déterminé.

5500 . . . . le terne.

70000 . . . . le quaderne.

1000000 . . . . le quine.

C'eft-à-dire 3 de moins que la proportion

. . . . . . . fur l'extrait fimple.

20 . fur l'extrait déterminé.

130 $\frac{1}{1}$ . . fur l'ambe fimple.

2910 . . . fur l'ambe déterminé.

6248 . . . fur le terne.

441038 . . . fur le quaderne.

42949268 . . . fur le quine.

Il feroit difficile d'imaginer la raifon des grandes difproportions qui fe trouvent entre les lots & les hafards que l'on court pour les gagner;

_______________

(*) Ces fixations font d'après ce qu'on paye à Paris. Celles des autres lottos different de très peu de chofe.

par exemple, pourquoi on donne moins pour l'ambe que pour l'extrait, moins encore pour le terne, encore beaucoup moins pour le quaderne, & infiniment moins pour le quine & pourquoi furtout, ces lots diminuent dans une gradation fi prodigieufe?

Pour expofer d'une maniere que tout le monde puiffe comprendre à quoi l'efpérance des joueurs eft réduite par ces défavantages, il faut confidérer qu'un écu de 60 fous placé fur l'extrait fimple ne concourt dans le hafard de gagner que pour . . . . . . . . . . 50 fous.

Sur l'extrait déterminé que pour   46 f. 8 d.

Sur l'ambe fimple que pour . . 40 f. 5 d.

Sur l'ambe déterminé que pour . 38 f. 2 d.

Sur le terne que pour . . . . 28 f. 2 d.

Sur le quaderne que pour , . , 8 f. 2 d.

Et fur le quine que pour . . . 1 f. 4 d.

Il n'eft point de jeu plus pernicieux que le Lotto. Outre le grand défavantage qu'il y a pour le ponte, c'eft qu'on rifque encore de n'être pas payé en cas de gain. On ne peut jamais rien favoir de pofitif fur la folidité de ces établiffemens, & le mieux fondé ne peut l'être de maniere à payer ce qu'il peut phyfiquement perdre.

D

Les jeux aux banques publiques ne font pernicieux que par l'abus qu'on en fait. Ils font tolérables & même en quelque forte néceſſaires dans de certains endroits, tels que les bains où les étrangers abondent, & cela pour faire diverſion à leur déſœuvrement, pour les empêcher de faire des parties ſecretes, & de ſe livrer à des grecs qui n'y viennent que pour faire des dupes & les dépouiller dans un inſtant de tout ce qui auroit ſuffi à leurs divertiſſemens pendant pluſieurs mois. Lorſque les parties publiques ſont bien réglées, il y régne une forte de bienſéance qui n'y laiſſe approcher que ceux qui peuvent décemment y prendre part. Le lotto au contraire ſemble être fait pour porter le déſordre dans tous les états: tel négociant qui n'oſeroit riſquer un écu à un jeu public de peur de ſe compromettre, ſe ruine au lotto dans le ſilence du cabinet: il eſt à la portée du pauvre qui, ſous un appât funeſte & illuſoire, y perd le fruit de ſon travail; le domeſtique après y avoir perdu ſes gages vole ſon maître pour tâcher de regagner &c.

La pratique inſidieuſe de publier la collection des numéros ſortis eſt le plus dangereux appât auquel les ſots ſe prennent.

On publie avec emphafe 70000 pour un; mais on fe garde bien de dire la mefure de la difficulté qu'il y a de l'obtenir. C'eft bien ici le cas de rappeller l'infcription qu'on trouva fur la porte de l'hôtel ci-devant de la Compagnie des Indes, & aujourd'hui de la Loterie royale.

Dans ces lieux où Colbert enrichiffoit la France,
Mercure à des benêts vend bien cher l'efpérance.